チーズ☆マジック
おいしい、みんな大好き！
ごちそう家ごはん

料理研究家
小野孝予

清流出版

はじめに

　私が自宅で家庭料理をテーマにしたサロン形式の「料理教室クオリア」を始めてから11年が経ちました。もともと食べることが好きで料理に興味があったこと、長く勤めた航空会社に在職中に、色々な土地で本場の料理を食べ歩いたこと、ソムリエやきき酒師の資格を持っていたことなど、自分の経歴をいかせることは何かと考えた先に、料理教室がありました。

　とはいえ、いきなり料理教室を開くというのは、その当時、子育てとの両立を考えると躊躇するところもありました。そんなときに、信頼している方から、できることから始めればいいというアドバイスをいただいたこともあり、まず、息子の同級生の女の子3人を対象とした料理教室を開きました。半年して、少し自信がついたので大人の参加者を募り本格的に始動し、現在に至っています。

　私の考える家庭料理は、家族やそれを食べてくれる人の健康と幸せを願って作るものです。派手ではないけれど、安定したおいしさや、何度食べても飽きずに、また食べたくなる料理を心がけています。

　そうはいっても、主婦にとって毎日の食事作りは大変な作業。簡単に短時間で作りたいと誰もが思うことでしょう。

　そこでおすすめなのが、チーズを使った料理。私とチーズの出会いは、チーズ講師に転身した元同僚から、おいしい食べ方を教えてもらったことです。自分でも勉強をしたりするうちに、チーズの優れた栄養価や料理における機能性に興味を持つようになり、すっかり虜になりました。

　チーズを使うことで、あっという間に、劇的に料理がおいしくなります。それが「チーズ☆マジック」。料理が苦手な方や、忙しい方には特におすすめです。

　食べることは生きるための手段だけではなく、おいしさという喜びを私たちに与えてくれるものでもあります。究極の楽しみのひとつであり、おいしさの共有は人との関わりの幸せにも欠かせないと思うのです。そういう意味でも、日々の家庭料理の大切さを痛感しています。

　この本が、毎日の献立に悩まれている皆様のお役に立てたら、これほど嬉しいことはありません。

目　次

はじめに　*2*

チーズの種類について　*8*
「ナチュラルチーズ」と「プロセスチーズ」／本書のレシピで使用するチーズ
「ナチュラルチーズ」の分類6タイプ／「プロセスチーズ」

チーズは優良栄養食品　*12*
チーズに含まれる栄養素／チーズの健康効果／
要注意！　チーズの塩分について／チーズを食べても太らない

＼ **Part 1** ／
まぜる、和えるチーズレシピ　*15*

クリームチーズディップ4種　*16*
ふき味噌のクリームチーズディップ／いぶりがっこのクリームチーズディップ／
酒盗のクリームチーズディップ／柴漬けのクリームチーズディップ

クリームチーズとサーモンリエットのオードブル　*18*
イチジクの生ハム＆マスカルポーネクリームづめ　*20*
モッツァレッラとネバトロのジュレ　*22*
柿＆トレビス＆ロックフォールのサラダ　*24*
チーズ入りコク増しポテトサラダ　*26*
さけるチーズとセロリの中華風サラダ　*28*
カッテージチーズ入りキャロットラペ　*29*
スイカとフェタ＆シェーブルのサラダ　*30*

なすと松の実とフェタのマリネ　32

イチゴと菜の花のゴルゴンゾーラ入り白和え　34

大根とホタテのチーズ柚子こしょう和え　36

リコッタの洋風キノコ白和え　38

ブロッコリーとしらすのチーズ和え　40

キャベツとちくわのわさびクリチ和え　41

チェダー入りコクまろニラ豚キムチ　42

チーズ入りまろやかゴーヤチャンプル　44

マンステール入り濃厚エビマヨ　46

チーズおにぎり2種　48
おかかクリームチーズのおにぎり／プロセスチーズの梅しそおにぎり

カッテージチーズ入り洋風ちらし寿司　50

セリとパルミジャーノのジェノベーゼ風パスタ　52

Column　おいしいチーズが買いやすくなる　54

\ Part 2 /
かける、のせるチーズレシピ　55

ミモレットをまとった半熟卵　56

ミモレットのせ中華風冷奴　58

鮪のカルパッチョ　60

チーズ風味のベジチップス　62

サツマイモのグラッセ　マンステール風味　64

焼きカマンベールとリンゴのサラダ　66

鰯の香草チーズパン粉焼き　68

自家製鴨ローストのブリー＆リンゴのせ　70

ブリーとハムのクロワッサンサンド　72

シェーブルチーズトースト　73

和食の粉チーズがけ4種　74

納豆に／お浸しに／味噌汁に／蕎麦に

\ Part 3 /
あったか、ほっこりチーズレシピ　75

グレープフルーツとモッツァレッラのオーブン焼き　76

ゆり根のフラン　ロックフォール入り　78

ホットプレートで作る　焼き野菜のチーズフォンデュ　80

チーズ羽根つき餃子　82

鶏肉と洋梨のゴルゴンゾーラ煮　84

ゴルゴンゾーラ入り丸ごとカブのスープ　86

ズッキーニのラザニアロール　88

鮭と野菜のチーズカルトッチョ　90

しいたけとモッツァレッラの牛肉包み　92

豚バラと白菜のカマンベール入りミルフィーユ鍋　94

チーズキーマカレー　96

鶏肉と根菜の味噌チーズグラタン　98

渡り蟹のトマトクリームパスタ　ゴルゴンゾーラ風味　100

<　Column　>　ヨーロッパチーズの魅力　102
　　　　　　　　絶品！　世界のチーズ料理　103

チーズを漬けて新食感を味わってみませんか　104
余りチーズのオイル漬け／プロセスチーズのピクルス／
モッツァレッラのキムチ漬け／プロセスチーズの塩麹漬け／
クリームチーズの酒粕漬け／カマンベールの味噌漬け／
チェリーモッツァレッラのぬか漬け

イタリアンチーズのオードブルでおもてなし　106
カポナータ＆モッツァレッラ／
ゴルゴンゾーラとレバーペーストのクロスティーニ／
空豆＆ペコリーノ／ほうれん草とリコッタのキッシュ／
生ハム＆ルッコラ＆パルミジャーノ・レッジャーノ

あれば便利なチーズのための道具　110

チーズをおいしく食べるために　111

チーズの種類について

私がチーズ料理をおすすめする理由は、
1. チーズを使うことで、あっという間に料理がおいしくなること。
2. 乳製品の特性、発酵食品の特性によって、コクが出る、味がまろやかになる、旨味が増す、長時間煮込んだような味になること。
3. チーズは色々なタイプがあってバラエティーが豊かで、和・洋・中華・エスニックなど、どんな料理にも合わせやすく、毎日飽きずに食べられること。
4. 良質なたんぱく質やカルシウムといった栄養素が簡単に摂れること。

などがあります。

本書のレシピで使用するチーズは、できるだけスーパーなどで購入しやすいものにしています。せっかく作ってみたいと思っていただいたのに、入手できないということがないようにしたいからです。

また、それぞれのレシピに合う最良のチーズを使っていますが、おいしさをキープできる範囲で、代用可能なチーズを「Cheese memo」としてご紹介しています。食べ比べて、お好みの味を見つけてください。

「ナチュラルチーズ」と「プロセスチーズ」

チーズには大きく分けて、「ナチュラルチーズ」と「プロセスチーズ」の2種類があります。ナチュラルチーズは、主原料の牛乳、山羊乳、羊乳、水牛乳などを、乳酸菌や乳を固める酵素の作用で凝固させて水分を抜いたものです。微生物や酵素などの働きによって発酵熟成が進むと、時間経過とともに風味が変化します。

一方のプロセスチーズは、ナチュラルチーズを1種類から数種類混ぜ、乳化剤（溶融塩）を加えて加熱・溶融、乳化させて容器に詰め、冷却したものです。加熱することによって発酵熟成は止まりますが、風味が安定し、長期保存できるのが利点といえます。

本書のレシピで使用するチーズ
「ナチュラルチーズ」の分類

〈 フレッシュタイプ 〉

　乳を凝固させたあと、水分を取り除いただけで熟成していないチーズ。ソフトな口当たりで、水切りヨーグルトのようなフレッシュさが特徴。

クリームチーズ
Cream cheese

生クリーム、または生クリームを加えた牛乳で作られた熟成していないチーズです。プロセスチーズタイプもあります。

マスカルポーネ
Mascarpone

イタリア原産のクリームチーズです。乳脂肪分が多く、こってりと甘味があるため、ティラミスなどのデザートにも使われています。

モッツァレッラ
Mozzarella

牛乳　　　　　　　　　水牛乳

本来は水牛乳から作られていましたが、近年は牛乳が主流。軽く弾力のある歯ごたえとクセのない味が好まれています。セミハードタイプのブロック型もあります。

カッテージチーズ
Cottage cheese

脱脂乳に乳酸菌と乳を固める酵素を加えて作られます。さっぱりとした味わいで、カロリーの低さはチーズの中で一番です。

フェタ
Feta

古代から作られているギリシャの国民的チーズ。羊乳のみ、もしくは羊乳に山羊乳を混ぜることもあり、塩水に漬けながら作られます。

リコッタ
Ricotta

通常のチーズ作りで除かれる水分（ホエイ）に、乳またはクリームを加え、加熱して熱凝固して作られます。リコッタとは2度煮るという意味です。

〈 セミハード＆ハードタイプ 〉

　圧搾機で水分を除いて、硬く作ったチーズです。ホエイを抜く際、加熱する温度によって「ハードタイプ」と「セミハードタイプ」に分けられ、ハードタイプのほうがより高温で加熱します。

チェダー
Cheddar

レッドチェダー

ホワイトチェダー

イギリスを代表するチーズ。今では伝統的なチェダーに代わり工場製が主流。牛乳が原材料。熟成が進むと酸味に濃厚な風味が加わります。レッドチェダーはベニノキのアナトー色素などで色づけされます。

パルミジャーノ・
レッジャーノ
Parmigiano reggiano

イタリアを代表するチーズ。牛乳が原材料。熟成期間が最低1年と長く、アミノ酸の旨味成分の白い結晶が見られます。

ミモレット
Mimolette

牛乳が原材料。特徴的なオレンジ色は、ベニノキのアナトー色素によります。熟成中にシロン（コナダニ）が繁殖するため表面がデコボコになります。

★他に、マイルドな味わいのグラナ・パダーノ、塩味の強いペコリーノ・ロマーノ、まろやかな口当たりのゴーダや、コクのあるラクレットなどがあります。

〈 青カビタイプ 〉

　チーズの内側に青カビを植えつけて熟成させて作られます。独自の風味と強い塩味が特徴の個性豊かなチーズです。

ピカンテ

ドルチェ

ゴルゴンゾーラ
Gorgonzola

原産地はイタリア北部。牛乳を原材料としています。青カビタイプの中では世界中で愛され日本でもメジャーなブルーチーズ。青カビが強めのピカンテと、マイルドなドルチェがあります。

ロックフォール
Roquefort

羊乳が原材料で、フランス南部が原産地。青カビの強めの風味とピリッとした刺激、羊乳特有の甘みを感じる個性的な味です。

★他に、水分が少なめで塩味の強いブルー・スティルトン、青カビのピリッとした刺激的な味が特徴のダナブルーなどがあります。

〈 シェーブルタイプ 〉

　山羊乳で作られるチーズの総称をシェーブルチーズといい、フランス語でシェーブルは山羊の意。英語ではゴートといいます。できたてから長熟成まで、どの時点でもそれぞれのおいしさが楽しめます。

シェーブル
Chèvre

〈 白カビタイプ 〉

表面に植えつけた白カビが内側に向かって熟成するチーズ。容器に入れて加熱殺菌されたロングライフチーズも多いです。

カマンベール
Camembert

牛乳を原材料とし、熟成が進むと中身がとろけて、コクと香りが強くなります。フランス・ノルマンディーがふるさと。

ブリー
Brie

牛乳を原材料としたフランスを代表するチーズ。やわらかく上品な風味と深いコクが人気。

〈 ウォッシュタイプ 〉

熟成中に、塩水や地酒などで洗って作られます。独特の匂いを持つため初めは驚きますが、意外にも食べてみるとマイルドに感じることが多いチーズです。

マンステール
Munster

牛乳が原材料。表皮がオレンジ色のチーズです。強烈な香りが特徴的で、ねっとりとしてクリーミーな食感です。

★チーズの真珠といわれ日本でも大人気のモン・ドール、塩水とワイン製造時にしぼったブドウのカスで作られる蒸留酒で洗ったエポワスの他、ピエ・ダングロワ、ジェラール・クリーミー・ウォッシュ、タレッジオなどがあります。

シュレットチーズ
Shredded cheese

ナチュラルチーズを細かく切ったもの。ピザ、グラタン、チーズトーストなど加熱料理に使われます。

「プロセスチーズ」

ヨーロッパではナチュラルチーズが一般的ですが、日本の家庭ではプロセスチーズが多く食べられています。作り方は、チェダーやゴーダなどを細かくカットし、乳化剤と混ぜ合わせて加熱し乳化、溶融させ容器に入れ冷やし固めます。微生物が死滅し酵素が破壊されているため熟成されないので、品質が均一で保存性に優れています。

スライスチーズ、さけるチーズ、6Pチーズ、粉チーズ、とけるチーズなどがあります。

チーズは優良栄養食品

チーズをおすすめする理由について繰り返しますが、栄養バランスに優れていることがあります。特に栄養過多といわれる日本人に、唯一足りていないカルシウムがすぐに摂れます。

チーズのカルシウムは吸収率が高いので効率がよく、また、たんぱく質においては、体内では合成できない必須ア

ミノ酸を含む20種類ものアミノ酸がバランスよく含まれているため、良質のたんぱく質を摂ることできます。

さらに健康維持に寄与する機能を持っています。血糖症及び糖尿病予防、循環器系疾患予防、骨粗鬆症予防、虫歯予防、美容効果、肥満予防、認知症予防などが注目されています。

★チーズに含まれる栄養素

人間の生命維持に欠かせない5大栄養素は、たんぱく質、脂質、炭水化物（糖質）、ビタミン、ミネラルの5種類です。チーズにはこの栄養素がほとんど含まれていることから優良栄養食品といわれています。

ただし、ビタミンCと食物繊維が含まれていないので、野菜やフルーツと一緒に摂ることをおすすめします。

本書では、野菜をたっぷり使ったレシピや、フルーツとの組み合わせを多数ご紹介しています。

☆

たんぱく質…チーズに含まれるエネルギー源となるたんぱく質は、消化吸収に優れ、筋肉、細胞、血液などを生成する重要な栄養素です。

脂質…体脂肪として蓄積されにくい短鎖及び中鎖脂肪酸を含んでいます。

炭水化物…チーズ製造の初期段階で、乳糖（炭水化物）はホエイと一緒に排出されて残るのはごくわずか。このため、乳糖を分解できない乳糖不耐症の人は牛乳を飲むとお腹がゴロゴロしますが、熟成したチーズであればそのような問題がなく安心して食べられます。

ビタミン…ビタミンは体の調子を整える役割があります。脂溶性のビタミンAは他の食品より優れています。ビタミンB群とCはホエイと一緒に排出しますが、B群のみ熟成時に再び作られます。

ミネラル…カルシウムが豊富で、リン、鉄、ナトリウム、カリウムなど、人が生きていく上で欠かせない成分をバランスよく含んでいます。

★チーズの健康効果

　健康や美容効果もあるチーズ。毎日元気で過ごすために役立つ食品ですので、お子様からご高齢の方まで、毎日食べることをおすすめします。

☆

血糖症及び糖尿病予防…チーズは低GI食品です。食事時は最初にチーズを食べると、炭水化物を摂っても血糖値の上昇がゆるやかになります。

循環器系疾患予防…活性酸素の害が脳卒中などを引き起こす一因とされていますが、チーズの熟成中に生成されるある種のペプチドに、活性酸素を抑える働きがあることがわかってきました。

骨粗鬆症予防…チーズの熟成中にできるカゼインホスホペプチドによりカルシウムの吸収促進、塩基性たんぱく質も骨を形成する細胞の働きを高めるといわれています。

虫歯予防…硬いチーズを食べると、歯のエナメル質溶解が防止され、初期の虫歯の再石灰化が促進されます。

美容効果…肌や髪の水分量を保ってくれるビタミンAとB群が豊富に含まれています。

肥満予防…カルシウムとある種のペプチドが体脂肪の合成を抑え、ビタミンB_2が脂肪の代謝を高めるので、太りにくい体になると報告されています。

認知症予防…白カビや青カビによる発酵過程で生成される成分が、脳内の免疫細胞を活性化させる働きを持つという研究発表があります。

要注意！
チーズの塩分について

　チーズの熟成においては必ず加塩の工程があります。これは雑菌繁殖による腐敗を防いだり、有用な微生物にとって好ましい環境作りや、チーズのおいしさのために欠かせません。その反面、塩分の摂りすぎは生活習慣病のリスクを伴うので注意が必要です。標準的なチーズの食塩相当量は 100g 中に 1 〜 2g、青カビタイプでは 100g 中に 2 〜 4g ほどになっています。

★チーズを食べても太らない

イメージとしてチーズは「太る」という先入観をお持ちの方が多いことでしょう。でも、チーズの脂肪は糖質や脂肪燃焼を促すビタミンB₂が一緒に含まれているので、脂肪燃焼が速く、太る原因にはならないといわれています。

気になる1日の摂取量ですが、目安として男性は8.0 g、女性は7.0g（厚生労働省「日本人の食料摂取基準」2015年4月1日)で、市販のスライスチーズで3枚ほど食べるのが健康のためにいいようです。

チーズはおいしくて体にもいいという、嬉しい食品ですね。

レシピの
掲載順について

本書で紹介するレシピの掲載順は、

おつまみ、オードブル
↓
副菜、サラダ
↓
メイン、主菜
↓
主食

となっています。ごくごく簡単に短時間でできるものから、
少し調理時間が必要なものという順番に掲載しています。
もう1品ほしいとき、メイン料理に悩んだときなどの
献立作りにお役立てください。

本書の計量の単位は、大さじ＝15㎖、小さじ＝5㎖です。
☆
オーブンやオーブントースターは、
機種によって違いがありますので、焼き時間は目安となります。

☆ こんなに簡単なのに、ピタリと味が決まる！

\ **Part 1** /

まぜる、和える
チーズレシピ

クリームチーズディップ 4種

★ Cream cheese ★

混ぜるだけ、調味料いらずで出来上がるハイスピード料理。
和の食材が、クリームチーズで洋風味に大変身。

Recipe point

- クリームチーズディップはクラッカーにのせても、おいしく召し上がれます。
- 酒盗は魚の内臓のみを塩漬けにして発酵させ、さらに約1年間熟成させた食品です。鰹や鮪で作られたものが、一般的に出回っています。

A ふき味噌の
クリームチーズディップ

材料・2人分
クリームチーズ…40g
ふき味噌…小さじ2

B いぶりがっこの
クリームチーズディップ

材料・2人分
クリームチーズ…40g
いぶりがっこ…20g

C 酒盗の
クリームチーズディップ

材料・2人分
クリームチーズ…40g
酒盗…小さじ1

D 柴漬けの
クリームチーズディップ

材料・2人分
クリームチーズ…40g
柴漬け…20g

作り方
1 いぶりがっこ、柴漬けは粗みじん切りにする。
2 室温に戻してやわらかくなったクリームチーズと、それぞれの材料を混ぜる。急ぐ場合は、クリームチーズを短時間電子レンジで温めてもOK。

Part 1 まぜる、和えるチーズレシピ

クリームチーズと
サーモンリエットのオードブル

**クリームチーズにヨーグルトを加えてさわやか味のソースに。
具材にソースをからめて食べる絶品オードブル。**

材料・2人分

クリームチーズ…40g
ヨーグルト…大さじ2
スモークサーモン…40g
ケイパー…大さじ1/2
オリーブオイル…大さじ1
ジャガイモ…1/4個
アボカド…1/4個
プチトマト…2個
塩、こしょう…少々
ディル…少々
ピンクペッパー…少々

作り方

1 クリームチーズはやわらかくなるまで室温に戻す。ボウルに入れてヨーグルトを加え混ぜて、クリーム状にする。

2 スモークサーモンは7～8mmの大きさに切り、ケイパーは粗みじん切りにし、オリーブオイルをかけて混ぜ合わせる。

3 ジャガイモは7～8mmのさいの目切りにし、かために茹でる。アボカド、プチトマトも同じ大きさに切る。全部混ぜ合わせて塩、こしょうで軽く味つけする。

4 グラスに*3*→*2*→*1*の順で入れる。ディル、ピンクペッパーをのせる。

イチジクの生ハム＆
マスカルポーネクリームづめ

マスカルポーネチーズと西京味噌の合わせワザが光る。
イチジクの甘さと、生ハム、西京味噌の塩味が絶品バランス。

材料・2人分

マスカルポーネチーズ…大さじ2
西京味噌…小さじ1
イチジク…2個
生ハム…1枚
イタリアンパセリ…少々
オリーブオイル…大さじ1

作り方

1 マスカルポーネと西京味噌を合わせ、スプーンで混ぜてクリーム状にする。

2 イチジクに十字の切り込みを入れ、2〜3cmの大きさに切った生ハムと、*1*のクリームをつめる。イタリアンパセリを飾って、上からオリーブオイルをかける。

Cheese memo

マスカルポーネはホイップした生クリームのような、なめらかな口当たりが特徴です。ティラミスの原料として脚光を浴びました。

Part 1　まぜる、和えるチーズレシピ

モッツァレッラと
ネバトロのジュレ

**オクラ、じゅんさいと、モッツァレッラチーズが驚きの相性のよさ。
梅干しが味のアクセントに。大人が好きな和風おかず。**

材料・2人分

モッツァレッラチーズ…1/2 個
長芋…50g
じゅんさい　※入手できなければ除く
…（湯通し済みのもの）50g
オクラ…2本

A
片栗粉…小さじ 1/2
水…小さじ 1

だし汁…1/2 カップ
淡口しょうゆ…小さじ 1/2
梅干し…1 個
塩…適宜

作り方

1 モッツァレッラと長芋は 1cmのさいの目に切る。じゅんさいは軽く洗って水気をきる。オクラは塩を軽くふってもみ、湯通しして水にとったら薄くスライスする。

2 Aを合わせて水溶き片栗粉を作っておく。鍋でだし汁を温め、淡口しょうゆを入れる。粗く刻んだ梅干しを加え混ぜ、塩で味を調える。一旦火を止めた鍋にAの水溶き片栗粉を入れてよく混ぜる。再加熱し、しっかりとトロミをつけ、冷ましておく。

3 器に *1* の材料を入れて *2* を注ぎ、冷蔵庫で冷やす。

柿 & トレビス &
ロックフォールのサラダ

ブルーチーズの塩気、柿の甘さ、
トレビスの淡い苦みが絶妙にからみ合う。
フルーツと野菜でビタミンCも摂れる。

材料・2人分

ロックフォールチーズ…30g
アーモンド…12個
柿…1/2個
トレビス…4枚

ドレッシング
白バルサミコ酢…大さじ2
はちみつ…大さじ2
塩、こしょう…少々
オリーブオイル…大さじ2〜3

ミントの葉…適宜

作り方

1 ロックフォールは細かくちぎり、アーモンドはローストして粗く砕いておく。柿は皮と種を除いて一口大に切り、トレビスは洗って食べやすい大きさにちぎり、よく水気をふく。

2 ドレッシング用の調味料を、小さい器に入れてしっかりと撹拌する。ボウルに *1* を入れドレッシングをかけて混ぜ合わせる。器に盛り、ミントの葉を散らす。

Cheese memo

ロックフォールの代わりにゴルゴンゾーラ、ブルー・スティルトン、ダナブルーなどお好みの青カビタイプを使ってもOKです。

*

ロックフォールは世界三大ブルーチーズのひとつに数えられています。濃い塩味と刺激的な風味の虜になる人も多いようです。

Part 1 まぜる、和えるチーズレシピ

チーズ入りコク増しポテトサラダ

**大人も子どもも大好き、家庭料理の定番ポテサラを、
いつもの味から、ひと味変えるチーズの力。**

材料・2人分

プロセスチーズ…40g
ロースハム…2枚
ジャガイモ…大1個
たまねぎ…1/4個
キュウリ…1/2本
リンゴ…1/8個
塩…適量
マヨネーズ…大さじ2
酢…大さじ1
白こしょう…少々

作り方

1 プロセスチーズは1cm角ほどの大きさに、ロースハムは放射線状に切る。

2 ジャガイモは皮ごと茹でて、熱いうちに皮をむきマッシュする。

3 たまねぎ、キュウリは薄くスライスして、それぞれひとつまみの塩でもむ。しんなりしたらサッと洗い、水気をしっかりとる。リンゴは流水でよく洗い、皮ごと薄切りにして塩水に浸す。

4 1のチーズとハム、2のジャガイモと3をボウルに入れて、マヨネーズ、酢、白こしょうを加えて混ぜる。

Cheese memo

プロセスチーズの代わりにゴーダ、チェダーなどの風味が穏やかで食べやすいチーズであれば、ポテトサラダに合います。スモークタイプのチーズを使うと、よりおいしくなります。

Recipe point

- ジャガイモは皮ごと茹でたほうがホクホクした食感が残ります。リンゴの皮が食べにくい方は、むいてください。
- 出来上がりの味が薄ければ、塩を加えて調節してください。お好みでマスタードを加えてもおいしくなります。

Part 1 まぜる、和えるチーズレシピ

27

さけるチーズとセロリの
中華風サラダ

チーズ、セロリ、キュウリの食感を楽しんで。

Processed cheese

材料・2人分

さけるチーズ…1本
しょうが…1cm厚さ分
セロリ…1本
キュウリ…1/2本
塩…大さじ1/2

A
酢…大さじ2
淡口しょうゆ…小さじ1
ごま油…小さじ1
具入りラー油…少々

作り方

1 さけるチーズは長さを半分にし、細くさいておく。しょうがは皮をむき、粗みじん切りにする。

2 セロリは筋をとり、キュウリは縦半分にしてから、それぞれ5mm幅の斜め切りにし、塩をふってもむ。10分ほどおいてしんなりしたら、水で洗ってしぼり、水気をとる。

3 Aをボウルに入れて混ぜ、*1*、*2*を加えて和える。

カッテージチーズ入り キャロットラペ

ニンジン嫌いな人も、モリモリ食べられる。

材料・2人分

カッテージチーズ…大さじ2
ニンジン…1/2本
塩…小さじ1/4

ドレッシング
赤ワインビネガー…大さじ1
ハチミツ…少々
塩、こしょう…少々
オリーブオイル…大さじ1

パセリ…少々
クルミ…4〜5個
干しブドウ…大さじ2

作り方

1 ニンジンは皮をむいて千切りにし、ボウルに入れて塩をふる。軽くもんでしんなりするまで10分ほどおく。

2 ドレッシングの材料をボウルに入れて、しっかり混ぜ合わせる。

3 1のニンジンをサッと洗って水気をとり、ボウルに入れる。みじん切りにしたパセリ、砕いたクルミ、干しブドウ、カッテージチーズを加え、2のドレッシングで混ぜ合わせる。

スイカと
フェタ&シェーブルのサラダ

ちょっと贅沢に、羊乳と山羊乳チーズのダブル使い。
チーズの塩味でスイカの甘味が引き立つ、新感覚サラダ。

材料・2人分

フェタチーズ…30g
シェーブルチーズ…30g
スイカ…200g
香菜…適宜
ミントの葉…適量
オリーブオイル…大さじ1
ライムのしぼり汁…小さじ1
クミンシード…少々
ハバネロペッパー…少々
塩…少々

作り方

1 フェタとシェーブルは粗く崩す。スイカは皮と種を除いて2cm角のサイコロ型に切る。ミントの葉は茎から離し、香菜は1cm長さに切る。

2 ボウルに*1*と他の材料を入れてさっくり混ぜる。

Recipe point

ライムのしぼり汁はレモン汁で、ハバネロペッパーはチリペッパーで代用できます。

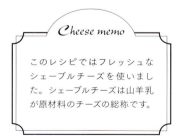

Cheese memo

このレシピではフレッシュなシェーブルチーズを使いました。シェーブルチーズは山羊乳が原材料のチーズの総称です。

Part 1 まぜる、和えるチーズレシピ

なすと松の実とフェタのマリネ

**古代ギリシャ時代から親しまれてきたフェタチーズ。
そのしょっぱさがクセになる。なすがいきるエキゾチックな味わい。**

材料・2人分

フェタチーズ…30g
なす…1個
塩…ひとつまみ

A
レモン汁…大さじ1
クミンシード…少々
コリアンダー…少々
チリペッパー…少々
オリーブオイル…大さじ2

松の実…大さじ1
ミントの葉…少々

作り方

1 フェタは塩辛ければ、塩抜きをして1cm角に切る。

2 なすは1cm厚さの輪切りにし、水に浸してアク抜きをする。塩をふってしんなりするまで10分ほどおく。

3 Aを混ぜ合わせておく。

4 ボウルに粗くほぐしたフェタ、フライパンで炒った松の実、Aを入れて混ぜておく。

5 *2*のなすの水分をふき、両面をグリルする。器に並べて上から*4*をかけ、ミントの葉を散らす。

Cheese memo

そのまま使えるフェタもありますが、ギリシャ製は塩辛いので、必要に応じて、牛乳か薄い塩水(1.5％濃度)に30分以上浸して塩抜きしてください。

Part 1 まぜる、和えるチーズレシピ

イチゴと菜の花の
ゴルゴンゾーラ入り白和え

イチゴの酸味、菜の花の苦味を、
ゴルゴンゾーラチーズと西京味噌が優しくマリアージュ。

Part 1 まぜる、和えるチーズレシピ

材料・2人分

A
- ゴルゴンゾーラチーズ…15g
- 西京味噌…大さじ1
- 砂糖…大さじ1/2
- アマニオイル…大さじ1
- 塩…適宜
- すりごま(白)…大さじ1

- イチゴ…4個
- 菜の花…1/4束
- 木綿豆腐…1/4丁

作り方

1 イチゴは放射線状に4等分に切る。菜の花は塩茹でし、3cm長さに切る。ゴルゴンゾーラは室温に戻す。

2 木綿豆腐はキッチンペーパーを2枚重ねにして包む。皿にのせラップをせずに電子レンジ(600w)で1〜2分加熱し、水きりしておく。

3 豆腐が冷めたら崩してボウルに入れ、Aの調味料と合わせて和え衣を作り、*1*と和える。

Cheese memo

ゴルゴンゾーラは青カビが多くて風味の強いピカンテと、青カビが少なめの風味が穏やかなドルチェの2タイプがあります。お好みのほうを使ってください。またその他の青カビタイプでも代用可能です。

大根とホタテの
チーズ柚子こしょう和え

**大根や赤大根スプラウトのほのかな苦味を
カッテージチーズが緩和。コクまろ味に。**

材料・2人分

カッテージチーズ…大さじ2
大根…5cm分
ホタテ缶…1缶（60g）
赤大根スプラウト…1/4パック

A
柚子こしょう…小さじ1/2
レモン汁…小さじ1/2

作り方

1 大根は皮をむいて細い千切りにする。ホタテは缶詰から取り出し、身をよくほぐしておく。赤大根スプラウトは根を切り、半分の長さにする。

2 カッテージチーズとAをボウルで合わせて、*1*と和える。

カッテージチーズには、口当たりなめらかな「裏ごしタイプ」もあります。

Part 1 まぜる、和えるチーズレシピ

リコッタの
洋風キノコ白和え

豆腐の代わりに、ミルキーでさっぱり系のリコッタチーズを使って。
おつまみにも、おかずにもぴったり。

Part 1 まぜる、和えるチーズレシピ

材料・2人分

A
リコッタチーズ…大さじ2
西京味噌…大さじ1
すりごま（白）…大さじ1
砂糖…大さじ1/2
オリーブオイル…適宜

エリンギ…1/2本
ブナシメジ…1/2パック
ルッコラ…1/2袋

作り方

1 エリンギは3cmの食べやすい大きさに切り、ブナシメジも子房に分け、一緒にサッと茹でる。ルッコラも3cm長さにする。

2 Aの材料をボウルに入れ混ぜて洋風白和え衣を作り、*1*を加えて和える。

Cheese memo

リコッタの代わりに、カッテージチーズの裏ごしタイプを使ってもおいしく出来上がります。

ブロッコリーとしらすのチーズ和え

ミモレットチーズの濃厚なコクと
食感がアクセントに。

材料・2人分

ミモレットチーズ…20g
ブロッコリー…1/4株
しらす…大さじ2
ブラックオリーブ…2個
オリーブオイル…大さじ2
塩、こしょう…適宜

作り方

1 ミモレットは3〜4mmのさいの目切りにする。

2 ブロッコリーは子房に分け、塩茹でする。しらすはオリーブオイルを熱したフライパンに入れ、揚げ焼きにする。ブラックオリーブは薄切りにする。

3 ボウルに2のブロッコリーとしらすを炒めた油ごと入れる。ブラックオリーブも入れ、1のミモレットを加えて和える。塩、こしょうで味を調える。

キャベツとちくわのわさびクリチ和え

もう一品ほしいときのお役立ちレシピ。
簡単、すぐできる！

Part 1 まぜる、和えるチーズレシピ

材料・2人分

クリームチーズ…大さじ1
キャベツ…200g
塩…少々
ちくわ…1本

A
わさび…小さじ1/2
淡口しょうゆ…小さじ1

万能ネギ…3〜4cm分

作り方

1 キャベツはざく切りにし、耐熱皿に入れて塩をふる。ラップで軽くおおい、電子レンジ（600w）で1分30秒加熱する。ちくわは長さを3等分に切り、細切りにする。

2 ボウルにAの材料を入れて混ぜ合わせ、*1*を加えて和える。器に盛り、小口切りにした万能ネギをのせる。

チェダー入り
コクまろニラ豚キムチ

人気の豚キムチにチーズを入れると、さらにおいしく！
ニラと豚肉で疲れも吹き飛ぶ。

Part 1 | まぜる、和えるチーズレシピ

材料・2人分

チェダーチーズ…50g
豚バラ薄切り肉…180g
白菜キムチ…80g
ニラ…1/2 束
しょうゆ…小さじ1/2

Cheese memo

チェダーの代わりに、ゴーダやシュレットチーズ、スライスチーズでもOKです。

作り方

1. 豚バラ肉とニラは3cm長さに、白菜キムチは一口大に、チェダーは1cm角の大きさにする。

2. 熱したフライパンに豚バラ肉を入れて焼き、肉から脂が出てカリカリになってきたら、白菜キムチを加える。

3. キムチも香ばしく焼けたら、しょうゆをフライパンの鍋肌から入れる。火を止めてチェダーとニラを加え、余熱で火を通す。

チーズ入り
まろやかゴーヤチャンプル

チェダーチーズが具材にしっかりからむ。
ゴーヤの苦味にコクとまろやかさをプラス。

材料・2人分

チェダーチーズ…40g
木綿豆腐…1/2 丁

A
砂糖…大さじ 1/2
酒…大さじ 1
淡口しょうゆ…大さじ 1/2

ゴーヤ…1/2 本
豚コマ肉…120g
塩、こしょう…少々
酒…小さじ 1
薄力粉…小さじ 1
サラダ油…大さじ 1
溶き卵…1 個分
削り節…3g（ひとつかみ）

作り方

1. キッチンペーパーを 2 枚重ねにして木綿豆腐を包む。ラップをせずに電子レンジ（600w）で 1～2 分加熱し、冷ましておく。A の調味料を合わせておく。チェダーは 1cm 角に切っておく。

2. ゴーヤは縦半分に切って種とワタをとり、5mm 厚さに切る。豚コマ肉は一口大に切り、塩、こしょうと酒で下味をつけ、薄力粉をふる。

3. フライパンにサラダ油を熱し、手で食べやすくほぐした 1 の木綿豆腐を入れる。強火で両面をこんがり焼き、塩（分量外）をふって取り出す。

4. 同じフライパンに 2 の豚コマ肉を入れて炒め、焼き色がついたらゴーヤも加えてしっかり炒める。

5. 3 の木綿豆腐と溶き卵を入れ、A の調味料を加えてからめ、チェダーと削り節を混ぜる。

Cheese memo

チェダーは、レッドチェダー、ホワイトチェダーのどちらを使ってもおいしく出来上がります。他にゴーダや、シュレットチーズ、とけるタイプのスライスチーズでも味がなじみます。

Recipe point

- 苦味が苦手な方は、ゴーヤを切ってから塩もみをしてください。
- 仕上げにごま油をかけると風味が増します。

Part 1 ― まぜる、和えるチーズレシピ

Recipe point

エビを焼くときに、油がはねることがあるので注意してください。盛りつけのときにサラダ菜やレタスを敷くと、ボリュームが出て、彩りもよくなります。

マンステール入り
濃厚エビマヨ

個性的な香りとコクが特徴のマンステールチーズを加えて、
いつもの「エビマヨ」に深い味わいをプラス。

材料・2人分

マンステールチーズ…50g

A
マヨネーズ、牛乳…各大さじ1
ケチャップ…大さじ1/2

むきエビ（大）…8〜10尾
塩、こしょう…少々
卵白…1/2個分
片栗粉…大さじ1
サラダ油…大さじ1
サラダ菜…2枚
カシューナッツ…5粒（砕いておく）
万能ネギ…少々（小口切り）

作り方

1. マンステールは1〜2cmの角切りにする。Aの調味料をボウルに入れておく。

2. エビは背開きにして背ワタをとる。塩、こしょうで下味をつけ、片栗粉をふって卵白をつける。

3. サラダ油を熱したフライパンで2のエビを焼く。エビに火が通ったらマンステールを加えて、適度にとろけるまで混ぜる。熱いうちに1のボウルに入れ、手早くからめる。

4. サラダ菜を敷いた器に3のエビを盛りつけ、上からカシューナッツと万能ネギを散らす。

Cheese memo

チーズはマンステールの代わりにピエ・ダングロワ、ジェラール・クリーミー・ウォッシュ、タレッジオなどのウォッシュタイプを使ってもOKです。

チーズおにぎり2種

おかかクリームチーズのおにぎり

クリームチーズに、おかかを混ぜて。
おにぎりだから食べやすい。

材料・2人分（おにぎり2個分）

クリームチーズ…40g
白飯…2膳分
削り節…大さじ5～6
しょうゆ…小さじ1～1.5
焼き海苔…適量

作り方

1 クリームチーズはやわらかくなるまで室温に戻す。ボウルにクリームチーズ、削り節、しょうゆを入れ、よく混ぜる。

2 ラップに塩を少々ふり、その上に白飯1膳分をおく。真ん中に1のおかかクリームチーズの半量をのせ、ラップの上からおにぎりを握る。同様にもう1個握る。

3 2に焼き海苔を巻く。

プロセスチーズの梅しそおにぎり

**チーズの食感が意外なほどご飯になじむ。
大人も子ども大好物に。**

材料・2人分（おにぎり2個分）

プロセスチーズ…30g
白飯…2膳分
梅干し…大1個
青しそ…2枚
塩…少々
白ごま…小さじ1

作り方

1 プロセスチーズは7〜8mmのさいの目切りにし、梅干しは種を取り除いてみじん切りにする。青しそも千切りにする。

2 ボウルに白飯、1のチーズ、梅干し、青しそ、塩、白ごまを入れて混ぜ、その半量をラップの上にのせ、おにぎりを1個握る。同様にもう1個握る。

カッテージチーズ入り 洋風ちらし寿司

すし飯と相性ぴったりのカッテージチーズ。
大勢が集まるときに、手軽にできる便利レシピ。

材料・4人分

カッテージチーズ…100g
白米…2合
すし酢…大さじ4

薄焼き卵
片栗粉…小さじ1/4
水…小さじ1/2
溶き卵…1個分
塩…少々

サラダ油…少々
スモークサーモン…40g
アボカド…1/2個
レモン汁…少々
甘酢しょうが（細切り）…15g
いりごま（白）…大さじ1
青しそ…2枚

作り方

1 白米は研いで炊飯器に移し、すし飯の目盛りに合わせた水を加える。30分浸水させてから、スイッチをオンにして炊飯する。

2 薄焼き卵を作る。材料の片栗粉と水を小さな器に入れて混ぜ、ボウルに入れる。溶き卵、塩を加え、よく混ぜ合わせる。フライパンにサラダ油を薄く引き、中火で熱する。

3 フライパン全体が温まったら一度火から下ろし、濡れたふきんの上にフライパンを置いて温度を均一にする。ここに卵液を半量流し入れて弱火で焼く。卵液の周りに火が通って外側が反り返ってきたら、フライ返しで裏返し、両面を焼いて取り出す。残りの卵液で薄焼き卵をもう1枚作る。粗熱がとれたら、ごく細い千切りにする。

4 スモークサーモンは3cmの食べやすい大きさに切る。アボカドは皮と種をとり、5mm厚さに切り、変色防止にレモン汁をかける。

5 すし酢の半量を、飯台にまんべんなくふりかけておく。ご飯が炊けて10分ほど蒸らしたら、飯台に移す。残りのすし酢も上から回しかける。しゃもじでご飯をきるように混ぜ合わせ、すし酢の水分がなくなってご飯がツヤツヤしたら、酢飯の出来上がり。

6 酢飯に甘酢しょうが、いりごま、カッテージチーズを加え、具が均一になるように混ぜる。

7 酢飯を皿に盛り、スモークサーモン、アボカドをのせ、青しそと薄焼き卵を散らす。

セリとパルミジャーノの
ジェノベーゼ風パスタ

春野菜のセリをたっぷり使って和風ジェノベーゼに。
かすかな苦みとチーズのコクが大人味。

材料・2人分

A
パルミジャーノ・レッジャーノチーズ
（すりおろし）…10g
松の実…10g
アンチョビフィレ…1枚
オリーブオイル…60㎖
塩、こしょう…適宜

セリ…50g
厚切りベーコン…1枚
オリーブオイル…大さじ1
スパゲティーニ…140g
塩…適量

作り方

1 セリは洗って根を取り除き、3～4㎝長さに切る。Aの材料と合わせ、ミキサーなどでペースト状にしてソースを作る。

2 フライパンにオリーブオイルを熱し、サイコロ型に切った厚切りベーコンを炒める。

3 パスタ鍋にたっぷりのお湯を沸かし、塩（水量の1％）を加えてスパゲティーニをアルデンテに茹でる。

4 2のフライパンに茹であがったスパゲティーニと茹で汁（お玉1杯程度）を入れ、手早くからませる。

5 4を皿に盛り、1のソースをのせる。上からオリーブオイルをかける。

5

Recipe point

スパゲティーニ（スパゲティより細い、直径 1.4〜1.6㎜くらいのロングパスタ）がなければ、他のパスタでも OK です。

Part 1 ── まぜる、和えるチーズレシピ

53

Column

\ おいしいチーズが買いやすくなる /

欧州ワインとチーズが
値下げに

2017年7月に日本とEUのEPA（経済連携協定）交渉が妥結し、早ければ2019年にも発効されることとなりました。これによって欧州産のワインやチーズの輸入関税が、段階的に引き下げられたり、撤廃されたりするため値下がりが期待できます。

チーズについては、カマンベールやモッツァレラなどのソフトタイプについて、低関税で輸入できる量に枠を設け、その枠内で税率を徐々に引き下げていきます。一方、チェダーなどセミハード＆ハードタイプは、全量が関税の引き下げ対象となり、こちらも段階的に引き下げられていくとのことです。

現行チーズは29.8％の関税がかけられています。これはCIF価格（現地価格Cost＋保険料Insurance＋輸送費Freight）に対して課せられる従価税で、高価な冷蔵空輸で運ばれるチーズは、当然ながら高価格になるのは致し方ないことでした。これが段階的とはいえ安くなるのですから、チーズ好きにとっては朗報ですね。

ちなみに、ボトルワインの現行関税は「輸入CIF価格の15％、または125円/ℓのどちらか安いほう」となっています。これはボトル1本あたり最大約94円なのですが、これが2019年発効時に即時撤廃される予定です。

☆ 隠し味にも、味のポイントにも使える

\ **Part 2** /

かける、のせる
チーズレシピ

ミモレットをまとった半熟卵

淡白な味の茹で卵が、ミモレットチーズで濃厚に。
簡単に作れるのに、オシャレでおいしいアンティパスト。

材料・2人分

ミモレットチーズ…10g
卵…2個
パセリ…少々
オリーブオイル…少々
黒こしょう…適宜

Recipe point

- オリーブオイルの代わりにトリュフオイルをかけると香りが立ち、よりおいしくなります。
- 卵の茹で時間は、お好みで調整してください。

作り方

1. ミモレットはみじん切りにする。

2. 冷蔵庫から取り出した卵の底に小さく穴をあける。鍋に酢小さじ1（分量外）を加えて湯を沸かし、卵を入れたら蓋をして7〜9分茹でる。冷水に移し、粗熱がとれたら卵の殻をむく。

3. 卵を半分に切り、ミモレットをふりかける。上からパセリをのせ、オリーブオイルをかけて、お好みで黒こしょうをふる。

ミモレットのせ中華風冷奴

ピータンとミモレットチーズのねっとり感がクセになる。
いつもの冷奴を、ちょっとグレードアップ。

材料・1人分

ミモレットチーズ…20g
絹ごし豆腐…1/2丁
ピータン…1/4個
香菜…1本
しょうゆ、黒酢…適量
ラー油…適宜

作り方

1 豆腐はペーパータオルに包み、10分ほどおいて水気をとり、器に盛る。ピータンは殻をむいて粗みじん切りにし、香菜も3〜4cm長さに切っておく。

2 豆腐の上にピータンをのせ、香菜を飾る。しょうゆ、黒酢を適量かけ、お好みでラー油をたらす。

3 ミモレットをおろし金ですりおろしながら、2の豆腐の上にかける。

鮪のカルパッチョ

**魚料理にもパルミジャーノチーズは違和感なし。
食欲をそそる、見た目も華やかなイタリアンに。**

材料・2人分

パルミジャーノ・レッジャーノチーズ
…適量
鮪（赤身）刺身用…1/2 柵
塩、こしょう…少々
オリーブオイル…大さじ 2～3
赤たまねぎ…1/6 個
プチトマト…2～3 個
オリーブ（緑、黒）…各1個
ケイパー…6 粒
からしマヨネーズ…適量
バジルの葉…適量

作り方

1 鮪は薄い削ぎ切りにして塩、こしょうをふり、オリーブオイルの半量をかけてマリネしておく。

2 赤たまねぎはみじん切りにして水にさらし、辛みをとって水気をきる。プチトマト、オリーブ、ケイパーは粗みじん切りにする。

3 1の鮪を器に並べて、上に 2 をのせ、残りのオリーブオイルをかける。からしマヨネーズを上から線を描くようにかけ、おろしたパルミジャーノをふって、ちぎったバジルの葉を散らす。

Recipe point

器ごと冷蔵庫に入れて冷たくすると、さらにおいしくなります。

チーズ風味のベジチップス

**素材の味を邪魔しない、味つけはパルミジャーノチーズだけ。
オーブンにおまかせのラクラク料理。**

材料・2人分

パルミジャーノ・レッジャーノチーズ
（すりおろし）…20g
ゴボウ…1/4本
赤ピーマン…1/2個
ニンジン…5cm分
レンコン…50g
カボチャ…50g
パセリ…少々
オリーブオイル…大さじ1

作り方

1　野菜はすべて薄切りにする。耐熱皿に入れて、140℃に予熱したオーブンで30分焼く。

2　みじん切りしたパセリと、パルミジャーノをふり、150℃のオーブンでさらに10分焼く。焼き上がったらオリーブオイルをかける。

Recipe point

オーブンに入れる時間は目安です。各ご家庭のオーブンに合わせて、温度設定、調理時間を調整してください。

サツマイモのグラッセ
マンステール風味

フランス・アルザス地方が故郷のマンステールチーズは
クミンシードと合わせるのが定番。チーズの旨味がサツマイモに合う。

材料・2人分

マンステールチーズ…50g
サツマイモ…小1個
バター…小さじ1
オレンジジュース…大さじ2
塩、こしょう…少々
クミンシード…少々
レモンの皮…少々
パセリ…少々

作り方

1 サツマイモはところどころ皮をむき、2〜3cm厚さの輪切りにし、フライパンに入れる。そこにバターとオレンジジュースを加え、蓋をして中弱火でサツマイモがやわらかくなるまで煮る。

2 オレンジジュースの水分が蒸発したら、フライパンに残ったバターをサツマイモにからめ、その上にのる大きさに切ったマンステールをのせる。

3 再び蓋をして、マンステールがとけるまで蒸し焼きにする。皿に盛り、塩、こしょう、クミンシードをふる。おろしたレモンの皮を散らし、パセリを飾る。

Cheese memo

マンステールの代わりに、ピエ・ダングロワなど、他のウォッシュチーズや、ラクレット（スイス原産、セミハード＆ハードタイプ）でもOKです。

焼きカマンベールと
リンゴのサラダ

軽いブランチや前菜として、このひと品だけでお腹が満足。
冷えた白ワインやシードルがほしくなる。

材料・2人分

カマンベールチーズ
（ロングライフ）…1/4 個
リンゴ…1/4 個
ベビーリーフ、サニーレタス…適量
バゲット…4 切れ

ドレッシング
白ワインビネガー…大さじ 1
オリーブオイル…大さじ 1
塩、こしょう…少々

キャラメルソース
グラニュー糖…大さじ 2
生クリーム…大さじ 2

クルミ…4 個

作り方

1 リンゴは皮ごと流水でよく洗い、いちょう切りにし、塩水（分量外）に浸してから水気をきる。ベビーリーフとサニーレタスも洗って、手で食べやすい大きさにちぎる。

2 ドレッシングの材料をボウルに入れて、しっかり撹拌する。

3 バゲット4切れを、さらに1/2の大きさにカットし、その上に8等分にしたカマンベールをのせ、トースターでチーズがとけるまで焼く。

4 キャラメルソースを作る。グラニュー糖を小鍋に入れて熱し、香ばしい色にとけたら火を止める。手早く生クリームを加えて鍋をゆすりながら混ぜる。

5 1のベビーリーフとサニーレタスをドレッシングで和え、器にのせる。リンゴと3のバゲットをその上に並べ、キャラメルソースをかけて、砕いたクルミを散らす。

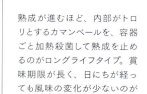

Cheese memo

熟成が進むほど、内部がトロリとするカマンベールを、容器ごと加熱殺菌して熟成を止めるのがロングライフタイプ。賞味期限が長く、日にちが経っても風味の変化が少ないのがメリットです。

Recipe point

- キャラメルソースを作るときに、生クリームを入れるタイミングでカルバドスやブランデーを少量入れると香りがたって、さらにおいしくなります。
- ベビーリーフの代わりに、レタス、ルッコラ、サラダ菜など、サラダに使うグリーン野菜であれば、何を使ってもOKです。

Part 2 かける、のせるチーズレシピ

鰯の香草チーズパン粉焼き

チーズとタイムで鰯の生臭さを消し、香りよく。
魚が苦手な子どもでも、サクサク食感に箸が進む。

材料・2人分

A
パルミジャーノ・レッジャーノチーズ
（すり下ろし）…30g
にんにく（みじん切り）…1/2片
タイム…小さじ1/4
パン粉…1/4カップ

鰯…2尾
塩、こしょう…少々
オリーブオイル…大さじ2〜3
パセリ…少々

作り方

1 ボウルにAの材料と半量のオリーブオイルを入れ、よく混ぜ合わせて香草パン粉を作っておく。

2 鰯は3枚におろし、半身を2等分にする。塩、こしょうで下味をつけ、残りのオリーブオイルでマリネする。

3 耐熱皿に2の鰯を並べ、その上から1の香草パン粉をふりかけ、200℃に予熱したオーブンで10〜15分ほど焼く。

4 3がこんがりと香ばしく焼けたら、みじん切りにしたパセリを散らす。

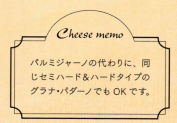

Cheese memo
パルミジャーノの代わりに、同じセミハード&ハードタイプのグラナ・パダーノでもOKです。

Recipe point

魚の生臭さをやわらげるタイムの代わりに、ローズマリーでもOKです。

チーズ☆マジック
おいしい、みんな大好き! ごちそう家ごはん

ご記入・ご送付頂ければ幸いに存じます。　初版2017・12　**愛読者カード**

❶本書の発売を次の何でお知りになりましたか。

1 新聞広告（紙名　　　　　　　　　　　　　　）2 雑誌広告（誌名　　　　　　　　　　　　　）

3 書評、新刊紹介（掲載紙誌名　　　　　　　　　　　　　　　　　　　　　　　　　　　　　）

4 書店の店頭で　　　　5 先生や知人のすすめ　　　　　　6 図書館

7 その他（　　　　　　　　　　　　　　　　　　　　　　　　　　　　　　　　　　　　　　）

❷お買上げ日・書店名

　　　　　年　　　　月　　　　日　　　　　　　市区　　　　　　　　　　　　　　　　書店
　　　　　　　　　　　　　　　　　　　　　　　町村

❸本書に対するご意見・ご感想をお聞かせください。

❹「こんな本がほしい」「こんな本なら絶対買う」というものがあれば

❺いただいた ご意見・ご感想を新聞・雑誌広告や小社ホームページ上で

(1) 掲載してもよい　　　　(2) 掲載は困る　　　　(3) 匿名ならよい

ご愛読・ご記入ありがとうございます。

郵 便 は が き

料金受取人払

神田局承認

3322

差出有効期限
平成30年8月
31日まで

101－8791

509

東京都千代田区神田神保町 3-7-1
ニュー九段ビル

清流出版株式会社 行

フリガナ		性　別	年齢
お名前		1. 男　2. 女	
ご住所	〒 TEL		
Eメール アドレス			
お務め先 または 学校名			
職　　種 または 専門分野			
購読され ている 新聞・雑誌			

※データは、小社用以外の目的に使用することはありません。

自家製鴨ローストの
ブリー＆リンゴのせ

鴨肉のほどよい噛みごたえ、リンゴの酸味に、
ブリーチーズのクリーミーさが加わる贅沢な一品。

材料・2人分

ブリーチーズ…60g
鴨肉…150〜200g
日本酒…大さじ2
しょうゆ…大さじ2
はちみつ…大さじ2
リンゴ…大さじ1/6
サラダ菜…少々

作り方

1 鴨肉の皮目に格子状に切れ目を入れ、室温に戻しておく。強火で皮目から焼き、出た脂を上にかけながらしっかりと皮に焼き目をつけ、裏側はサッと焼く。

2 とけ出した余分な脂をふきとり、日本酒を入れてアルコール分を飛ばす。中火にして、さらにそのまま表裏それぞれ5分ほど焼く。

3 しょうゆとはちみつを加え、再び強火にする。調味料の水分が半量以下になったら、鴨肉に焼きからめる。アルミホイルで汁ごと鴨肉を包み、その上から二重にしたラップでおおい、30分以上おく。

4 自家製鴨肉のロースト、ブリー、リンゴをそれぞれ同じサイズになるように、薄くスライスする。皿にサラダ菜を敷き、3種を順番に重ねて並べる。

3
アルミホイルとラップで包み30分ほどおくと、余熱で鴨肉の中まで火が通る。

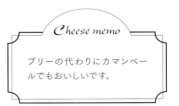

Cheese memo

ブリーの代わりにカマンベールでもおいしいです。

ブリーとハムの
クロワッサンサンド

とろり濃厚なブリーチーズが、サンドイッチを
ちょっとリッチに。

材料・2人分

ブリーチーズ…40g
クロワッサン…2個
ロースハム…2枚
キュウリ…1/2本
サラダ菜…2枚
塩…少々
黒こしょう、ピンクペッパー…適宜

作り方

1 ブリーとロースハムはクロワッサンのサイズに合わせた大きさに切る。キュウリは薄切りにし塩をふってしんなりさせる。サラダ菜は縦半分に切る。

2 クロワッサンの厚さ半分のところに切り込みを入れ、*1*の具をはさむ。お好みで黒こしょうとピンクペッパーをふる。

シェーブルチーズ
トースト

チーズの旨味をぞんぶんに味わえる。
シェーブルチーズが苦手な方に試してほしい。

材料・2人分

シェーブルチーズ…4切れ
食パン…1枚
オリーブオイル…大さじ1
ハーブミックス…少々

作り方

1. 食パンの上にシェーブルチーズ4切れを並べて置き、チーズがほどよくとけ、パンにもこんがり焼き色がつくまでトースターで焼く。

2. トーストを4等分に切り、皿に並べて上からオリーブオイルとハーブミックスをかける。

和食の粉チーズがけ4種

パスタに粉チーズをかけるだけではもったいない。
味にコクと深みがプラスされ、想像以上のおいしさです。
先入観を持たずに、ぜひ、お試しください。

\ 納豆に /

納豆＋粉チーズ＋黒こしょう＋青ネギ

\ お浸しに /

茹でたほうれん草＋粉チーズ＋
塩、こしょう＋オリーブオイル

\ 味噌汁に /

味噌汁 ＋ 粉チーズ
（赤だしや少々煮詰まってしまった味噌汁が
特におすすめです）

\ 蕎麦に /

冷たい蕎麦＋蕎麦つゆ＋粉チーズ＋山椒

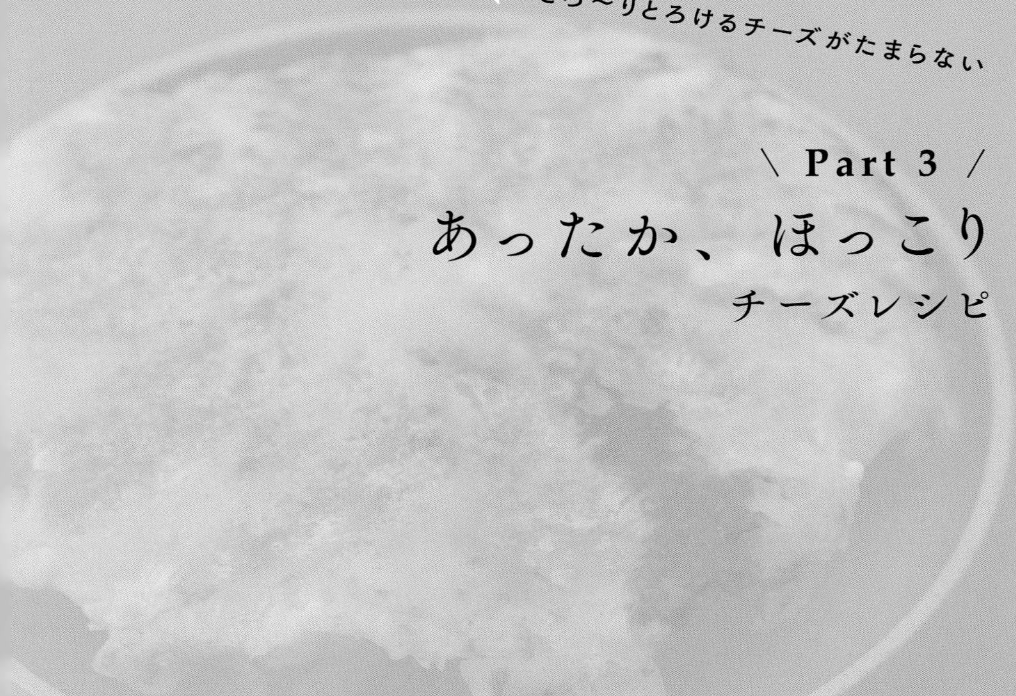

とろ〜りとろけるチーズがたまらない

\ **Part 3** /

あったか、ほっこり
チーズレシピ

グレープフルーツとモッツァレッラのオーブン焼き

甘味がぐっと引き立つ焼きグレープフルーツに、モッツァレッラチーズのミルクが抜群の相性！

材料・2人分

モッツァレッラチーズ…1/2個
グレープフルーツ…1個
塩…少々
砂糖…大さじ2
オリーブオイル…大さじ1
ピンクペッパー…少々
タイムの葉…少々
カルダモンパウダー…少々

作り方

1. グレープフルーツは皮をむき、横半分に切り断面を上にして耐熱皿にのせる。転がる場合は底面が平らになるように少し切る。上から塩、砂糖をふる。

2. 230℃に予熱したオーブンで、グレープフルーツの表面に焦げ目がつくまで10分ほど焼く。

3. 2のグレープフルーツの上に、半分の厚さに切ったモッツァレッラをのせる。チーズがとけるまで再び焼く。

4. 仕上げにオリーブオイルをかけ、ピンクペッパーとタイムの葉、カルダモンパウダーを散らす。

Recipe point

オーブントースターでも作れます。その場合のグレープフルーツの焼き時間は10分ほど、モッツァレッラをのせてとけるまで焼いてください。

Cheese memo

手に入れば、モッツァレッラの代わりにハロウミ（キプロス産、混乳で作られる）や、ミナス（ブラジルのポピュラーなチーズで、牛乳が原材料）を使うのもおすすめです。

Part 3　あったか、ほっこりチーズレシピ

ゆり根のフラン
ロックフォール入り

ほのかに香るチーズの風味が隠し味の洋風茶碗蒸し。
ゆり根のホクホク食感とかすかな苦みが大人味。

材料・2人分

ロックフォールチーズ…15g
ゆり根…40g
牛乳…1/2カップ
生クリーム…1/4カップ
卵…1個
塩…ひとつまみ
万能ネギ…少々

作り方

1 ゆり根は周りについているおが屑を洗い流す。外側から順番に燐片を1枚ずつはがす。茶色いところは包丁で取り除き、再びよく洗う。燐片が大きい場合は半分に切る。

2 小鍋に牛乳と生クリームを入れて熱し、沸騰直前に火を止める。そこへロックフォールを加え、とかしておく。

3 ボウルに卵を割り入れ、塩を加えてよくときほぐす。そこへ *2* を流し入れ、混ぜ合わせて卵液を作る。

4 耐熱器にゆり根を入れ、卵液を注ぐ。180℃に予熱したオーブンの温度を100℃に下げ、天板にのせて20〜25分焼く。小口切りにした万能ネギをのせる。

Cheese memo

ロックフォール以外の青カビタイプでも代用できます。

ホットプレートで作る
焼き野菜のチーズフォンデュ

チーズフォンデュ料理もホットプレートを使うと、ぐっと手軽に。
変わりフォンデュソースでバリエーションを楽しんで。

材料・2人分

A
チェダーチーズ…50g
ゴルゴンゾーラチーズ…20g
白ワイン…50㎖
片栗粉…大さじ1/2

B
チェダーチーズ…50g
味噌…小さじ1/2
豆乳…50㎖
片栗粉…大さじ1/2

ジャガイモ…小1個
レンコン…2cm分
カボチャ…4cm分
赤パプリカ…1/2個
なす…1/2個
オクラ…2本

作り方

1 ジャガイモはよく洗って皮つきのまま1cm厚さに切り、かために茹でる。レンコンとカボチャは皮をむいて4枚に切り、赤パプリカはへたと種を除いて食べやすい大きさに切る。なすは1cmの厚さに切る。オクラはヘタを切って縦半分に切る。

2 1の野菜をホットプレートに並べて焼く。耐熱製のココット器2個に、AとBのチーズフォンデュソースの材料を入れて、ホットプレートにのせる。

3 2のチーズフォンデュソースが熱くなったらかき混ぜて、焼いた野菜をつけて食べる。

Cheese memo

チェダーはレッドチェダーでも、ホワイトチェダーでも、どちらでも代用可能です。ゴーダやシュレットチーズでもOKです。ゴルゴンゾーラは、ピカンテがおすすめ。ロックフォール、ダナブルーなど、他のブルーチーズでもおいしくできます。

Part3　あったか、ほっこりチーズレシピ

チーズ羽根つき餃子

パリパリ、カリカリチーズがたまらない。
餃子のおいしさがさらにアップ。大人も子どもも、みんな大好き！

材料・2人分

シュレットチーズ…40g
キャベツ…2枚（60g）
塩…小さじ1/2
ニラ…1/4束
しょうが、にんにく…各1片
豚ひき肉…80g

A
しょうゆ…小さじ1
酒…小さじ1
ごま油…小さじ1
こしょう…少々

餃子の皮（大）…10枚
水…大さじ2
サラダ油…大さじ1/2

作り方

1 キャベツは粗みじん切りにして塩でもみ、水気をかたくしぼる。ニラは5mm長さに切り、しょうがとにんにくはすりおろす。

2 ボウルに豚ひき肉を入れ、Aの調味料を入れて味つけする。そこへ*1*を加えてよく混ぜて餃子の種を作る。

3 餃子の皮に大さじ1程度の*2*の餃子の種をのせ、皮の端半分に水をつけて餃子型に成形する。

4 フッ素加工のフライパンにシュレットチーズを広げ、その上に*3*の餃子を並べる。水を入れて蓋をし、中弱火で蒸し焼きにする。

5 チーズがとけてきたら火を強める。水分が蒸発してチーズがカリカリになったら出来上がり。

82

Part3 あったか、ほっこりチーズレシピ

鶏肉と洋梨の
ゴルゴンゾーラ煮

洋梨とゴルゴンゾーラチーズは、イタリアで秋のテッパン組み合わせ。
簡単なのに豪華なメインディッシュの出来上がり。

Part 3 あったか、ほっこりチーズレシピ

材料・2人分

ゴルゴンゾーラチーズ…30g
鶏もも肉…1枚
ブナシメジ…1パック
マイタケ…1パック
洋梨…1個
オリーブオイル…大さじ1
白ワイン…大さじ2
生クリーム…100㎖
塩、こしょう…少々
イタリアンパセリ…少々

作り方

1 鶏もも肉は4～6等分に切って、塩、こしょうで下味をつける。ブナシメジとマイタケは食べやすいように小房にし、洋梨は皮をむいて一口大にする。

2 鍋にオリーブオイルを熱して鶏もも肉を香ばしく焼き、一旦取り出す。同じ鍋に*1*のキノコと洋梨を入れて炒め、鶏肉を戻す。白ワインを注ぎ、強火でアルコールを飛ばす。

3 蓋をして弱火で10分ほど蒸し、ゴルゴンゾーラと生クリームを加えて混ぜとかす。塩、こしょうで味を調え、皿に盛りイタリアンパセリを添える。

ゴルゴンゾーラ入り 丸ごとカブのスープ

ミスマッチに思える和風スープとゴルゴンゾーラチーズが
ベストマリアージュ。スープがたっぷりしみ込んだカブが美味。

材料・2人分

ゴルゴンゾーラ・ピカンテ…20g
カブ…2個
生鱈…1切れ
塩…少々
だし汁…2カップ
しょうゆ…小さじ1
みりん…小さじ1

作り方

1 カブは葉を長さ1〜2cm残して切る。カブの葉がついている側の下1cmのところを切っておく。カブ本体の中身をスプーンなどを使ってくり抜く。

2 生鱈は皮を除き、一口大に切って塩をふる。1のカブの中に生鱈を入れ、ゴルゴンゾーラもつめる。

3 鍋にだし汁を沸かしてしょうゆ、みりんで味つけし、2のカブを入れる。その隙間に葉側のカブも入れて、蓋をしてカブがやわらかくなるまで15分ほど煮る。カブを器に盛りつけ、スープを注ぎ入れる。

Part 3 | あったか、ほっこりチーズレシピ

ズッキーニのラザニアロール

ラザニアパスタの代わりにズッキーニを使ってカロリーダウン。
ロール状の一口サイズだから食べやすい。

材料・2人分

リコッタチーズ…大さじ2
モッツァレッラチーズ
（セミハードタイプ）…40g
オリーブオイル…適量

A
にんにく…1/2片
たまねぎ…1/6個
合い挽き肉…100g
カットトマト缶…1/4缶

ハーブミックス…少々
塩、こしょう…適量
ズッキーニ…1/2本
タイムの葉…適宜

作り方

1 にんにくとたまねぎをそれぞれみじん切りにする。フライパンにオリーブオイル（大さじ1）を熱し、Aの材料を表記の上から順に入れて炒める。ハーブミックスを加え、塩、こしょうで味つけして冷ましておく。

2 1粗熱がとれたら、リコッタと半量の小さくちぎったモッツァレッラを加え混ぜ、8等分にする。

3 ズッキーニをピーラーで薄く、16枚にスライスする。表面にオリーブオイルを少量ぬり、ズッキーニを2枚重ねて*2*をのせてクルクル巻く。

4 耐熱の器に*3*を並べ、オリーブオイルをかけて残りのモッツァレッラも小さくちぎって散らす。200℃に熱したオーブンで10〜15分焼く。仕上げにオリーブオイルをふりかけ、タイムの葉を散らす。

3

Recipe point

オーブントースターを使う場合の焼き時間は、15分ほどです。

Part 3 あったか、ほっこりチーズレシピ

鮭と野菜のチーズカルトッチョ

**チーズとバターが調味料。蒸し焼きにするから鮭がしっとり。
フライパンも汚れない手軽に作れる魚料理。**

材料・2人分

シュレットチーズ…30g
鮭…2切れ
塩、こしょう…適宜
バター…大さじ1
たまねぎ…1/4個
しいたけ…1個
ピーマン…1個
ニンジン…1/4本

作り方

1. 鮭より2周り大きいサイズのクッキングシートを2枚用意し、鮭を置く場所にバターをぬる。

2. 塩、こしょうをした鮭を1切れずつ、それぞれのクッキングシートの上に置く。

3. たまねぎ、しいたけ、ピーマンは薄くスライスし、ニンジンもたんざく切りにする。それぞれの鮭の上に切った野菜をのせ、残ったバターとシュレットチーズをその上にのせる。

4. クッキングシートで完全におおって包み、フライパンに入れて蓋をし、蒸し焼きにする。鮭と野菜に火が通るまで、中火で10分ほど蒸し焼きにする。

Recipe point

クッキングシートの代わりに、アルミホイルで包んで焼いてもOKです。

Recipe point

- 生ハムの塩味が強いので、牛肉の下味は極少量にしてください。
- バルサミコクリームがない場合は、バルサミコ酢（大さじ3）とはちみつ（小さじ1）を煮つめて作ってください。

しいたけとモッツァレッラの牛肉包み

とろりととけ出すモッツァレラチーズで食欲が増す。
がっつり食べるボリューム主菜。

材料・2人分

モッツァレッラチーズ
（セミハードタイプ）…60g
しいたけ…大2個
にんにく…1/4片
牛肉（薄切り）…4枚
塩、こしょう…適量
生ハム…4枚
バジルの葉…8枚
オリーブオイル…大さじ1/2
薄力粉…少々
バルサミコクリーム…適量
クレソン、プチトマト…適量

作り方

1 モッツァレッラは4〜5cmの拍子切りを4本用意する。しいたけは石づきをとって半分に切る。にんにくは薄切りにする。

2 牛肉を広げて片面に軽く塩、こしょうをし、裏返して生ハムを重ねる。その上にバジルを2枚、*1*のしいたけとモッツァレッラを置き、クルクルと包み巻いて俵型の牛肉包みを4個作る。

3 フライパンにオリーブオイルをまわし入れ、そこに*1*のにんにくを並べる。弱火でじっくりと炒め、香ばしく焼けたら取り出す。

4 *2*の牛肉包みの表面に薄力粉をふり、*3*のフライパンに入れて強火で焼く。牛肉に焼き色がついたら、蓋をしてそのまま2〜3分弱火で蒸し焼きにする。

5 *4*の牛肉包みを皿に盛りつけ、にんにくを上にのせ、バルサミコクリームをかける。つけ合わせに食べやすく切ったクレソンとプチトマトを添える。

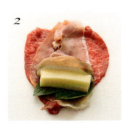

2

豚バラと白菜の
カマンベール入りミルフィーユ鍋

人気のミルフィーユ鍋にカマンベールチーズを入れてごちそうに！
チーズがとけたクリーミーなスープが、やみつきになるおいしさ。

材料・2人分

カマンベールチーズ（ロングライフ）
…1個
白菜…1/6株
豚バラ肉…150〜200g
和風だし汁…3カップ
酒…大さじ2
しょうゆ…大さじ1
塩…適宜
黒こしょう…適宜

作り方

1 白菜は洗って水気をきり、その上に豚バラ肉を重ねる。さらに白菜と豚バラ肉を交互に重ねていく。その際に、白菜の芯の向きを互い違いに重ねていくと、全体の厚みが均等になる。重ねたものを5〜6cmの大きさに切り、鍋（直径18cm）の中に並べる。あとからカマンベールを入れるので、真ん中部分は少しあけておく。

2 鍋に和風だし汁を注ぎ入れ、酒、しょうゆを加える。蓋をして中火で煮る。

3 白菜と豚バラ肉が煮えてきたら、放射線状に6等分に切ったカマンベールを鍋の真ん中に入れる。

4 再び蓋をして煮る。カマンベールがとけてきたら塩で味を調え、仕上げにお好みで黒こしょうをふる。

チーズキーマカレー

衝撃のルックス！ カレーとチーズ、そして生卵のトライアングル。
チーズと黄身でスパイシーさにまろやかさをプラス。

Recipe point

とけるタイプの大きめのスライスチーズを使うと、きれいに仕上がります。

材料・1 人分

とけるスライスチーズ…3 枚
合い挽き肉…70g
サラダ油…大さじ 1/2
たまねぎ…1/8 個
ニンジン…1/8 本
にんにく、しょうが…各 1/4 片

A
カレー粉…大さじ 1.5
ウスターソース…大さじ 1.5
塩…適量

白飯…1 膳分
卵の黄身…1 個
パセリ（みじん）…少々

作り方

1 フライパンにサラダ油を熱して合い挽き肉を入れ、そぼろ状になるまで炒めたら、一旦取り出す。

2 たまねぎ、ニンジンは粗みじん切り、にんにく、しょうがはみじん切りにする。1 のフライパンにたまねぎ、にんにくとしょうが、ニンジン、Aの調味料の順で入れ、そのつどしっかり炒める。

3 1 の合い挽き肉を戻し加え、水分がなくなるまで炒め続ける。

4 白飯を皿に盛り、上からキーマカレーをかける。3 枚のチーズで、白飯とキーマカレーが見えなくなるようにおおう。電子レンジで 1 分ほど加熱し、トロリととけたら真ん中に黄身をのせる。仕上げにパセリをふりかける。

黄身をのせやすいように中央部分を少し凹ませておく。

Part 3 あったか、ほっこりチーズレシピ

97

鶏肉と根菜の
味噌チーズグラタン

味噌とチーズの発酵食品ダブル使いで、旨味パワー全開。
ホワイトソースを使わないさっぱり和風グラタン。

材料・2人分

モッツァレッラチーズ
（セミハードタイプ）…80g
鶏もも肉…1/2枚
サトイモ…中2個
レンコン…50g
長ネギ…1/3本
ブナシメジ…1/2パック
万能ネギ…1/2本
マヨネーズ…大さじ3
豆乳…大さじ2
味噌…小さじ2
塩、こしょう…適量

作り方

1 鶏もも肉を食べやすい大きさに切り、サトイモとレンコンは皮をむいて一口大にする。長ネギは斜め薄切り、ブナシメジは小房に分ける。万能ネギは小口切りにする。

2 鶏肉は軽く塩、こしょうをし、フライパンに皮目から入れ、両面を焼いたら取り出しておく。同じフライパンに長ネギ、ブナシメジを入れ、サッと炒めて塩少々をふる。

3 サトイモとレンコンはかために塩茹でする。ボウルにマヨネーズ、豆乳、味噌を合わせ、水気をきったサトイモとレンコン、*2*の鶏もも肉、長ネギ、ブナシメジを加えて混ぜ合わせる。

4 耐熱皿に*3*を入れて細かく切ったモッツァレッラをのせ、200℃に予熱したオーブンで10～15分焼く。上から万能ネギを散らして出来上がり。

Cheese memo

モッツァレッラを含めて、とけるタイプのシュレットチーズでも代用できます。

渡り蟹のトマトクリームパスタ
ゴルゴンゾーラ風味

渡り蟹とゴルゴンゾーラチーズがあれば誰でもおいしく作れる。
おもてなしに大活躍すること間違いなし！　食卓が華やぐ、ごちそうパスタ。

材料・2人分

ゴルゴンゾーラチーズ…30g
渡り蟹…1杯（300g）
たまねぎ…1/4個
にんにく…1/2片
オリーブオイル…大さじ1
白ワイン…50㎖
トマト缶…1/2缶
生クリーム…50㎖
スパゲティーニ…140g
茹で汁…適宜
塩、こしょう…適量
イタリアンパセリ…少々

作り方

1 〈 渡り蟹の下準備 〉
渡り蟹のふんどし（まえかけ、はかまとも呼ばれる）を取り除き、甲羅を外す。胴体の両側のえらも除き、半分に切ってからそれぞれ爪と脚も切り離す。食べやすい大きさにし、脚には切り込みを入れる。

2 〈 野菜を切って炒める 〉
たまねぎは薄切りにし、にんにくは粗みじん切りにする。フライパンに半量のオリーブオイルとにんにくを入れ、弱火で熱する。香りが出たらたまねぎを入れ、透明になるまで炒める。

3 〈 トマトソースを作る 〉
2のフライパンに**1**の渡り蟹を入れ、赤くなったら白ワインを注ぐ。強火でアルコールを飛ばし、そこにトマトを手で潰しながら加える。ソースに艶が出てきたら、ゴルゴンゾーラと生クリームを入れる。茹で汁で味を調節する。

4 〈 パスタを茹でてソースとからめて仕上げる 〉
パスタ鍋にお湯を沸かして、塩（水量の1％）を加えてスパゲティーニを入れる。アルデンテに茹でたら、**3**のフライパンに入れてソースをからめる。味見をして塩、こしょうで味を調える。皿に盛り、残りのオリーブオイルを上からかけ、イタリアンパセリを飾る。

1

Cheese memo

このレシピでは、ゴルゴンゾーラはピカンテがおすすめです。

Part3 あったか、ほっこりチーズレシピ

Column

\ ヨーロッパチーズの魅力 /

その土地の個性が
チーズに出る

ヨーロッパ各地で伝統の製法を守り作られたチーズは、現地で食べるとやはり格別なものがあります。しかも、驚くほど安く食べられるので、チーズ好きには嬉しいかぎりです。

チーズの原材料となる無殺菌乳には、その土地に生息しているさまざまな微生物が含まれていて、原料になった動物が育った環境や食べたエサの特徴が出ます。

そのために無殺菌乳で作ったチーズは、その土地ならではの個性を残し、複雑で味わい深さが感じられるのです。

例えば、フランス・ノルマンディー地方で作られるカマンベール・ド・ノルマンディーは海側で育った牛が海風の当たった草を食べることにより、かすかに磯の香りがするような素朴な味を感じます。

また、夏に清々しいアルプスの山で放牧された牛から作られたチーズは、冬に干し草を食べている牛から作られたチーズとは異なった味わいがあります。澄みわたった空気の中でストレスなく過ごした牛の乳の中に、花や若草を感じさせる風味があり、とてもおいしいものです。この夏作りのチーズは「エテ」といわれています。

エテよりもさらに珍重されているのが「アルパージュ」で、6月から9月の夏期に山岳高地放牧され青々とした草を食べた牛の乳で作られているもので、深いコクが絶品のチーズです。

\ 絶品！ ヨーロッパのチーズ料理 /

フランス、イタリア、
スイス、イギリス発の料理

☆フランス「タルトフランベ」

「ハウルの動く城」の舞台になった街、アルザス地方コルマールの郷土料理。薄い生地に、ヨーグルトのような真っ白なフロマージュ・ブランチーズと、スライスしたたまねぎ、ラードン（ベーコンの塊）をのせて焼いた薄いピザのような料理です。

☆イタリア「カルパッチョ」

生の牛肉を薄切りにして、パルミジャーノ・レッジャーノチーズとオリーブオイルなどをかけた料理。料理名は、絵画の赤色が印象的な画家「ヴィレート・カルパッチョ」の名前に因んでいます。魚を使ったカルパッチョは、イタリアンの落合務シェフが創作しイタリアに逆輸入されました。

☆スイス「ラクレット」

ラクレットというチーズ名がそのまま料理名に。チーズを熱でとかし、茹でたじゃがいもの上にのせて食べます。アニメ「アルプスの少女ハイジ」の中で、おじいさんが串に刺したラクレットを暖炉で炙っていましたね。

☆イギリス「ウェルシュ・ラビット」

エールビールでとかしたチーズ（チェシャー、チェダー）を、バター、ウスターソース、マスタードなどで味付けしてパンにのせたトースト。ウェールズ人があまりにも貧しくて、安いうさぎ肉の切り身でさえ買うことができなかったと、18世紀の英国でジョークのようにいわれたことが、名前の由来だと考えられています。

チーズを漬けて新食感を味わってみませんか

そのまま食べてもおいしいチーズに、新たな風味をプラス。
少し余ったチーズの保存もかねたリメイク料理。
切って漬けるだけの簡単さで、絶品おつまみチーズの出来上がり。

余りチーズの
オイル漬け

モッツァレラの
キムチ漬け

プロセスチーズの
ピクルス

プロセスチーズの
塩麹漬け

クリームチーズの
酒粕漬け

カマンベールの
味噌漬け

チェリーモッツァレラの
ぬか漬け

余りチーズの
オイル漬け

オイルのコクでチーズが濃厚に！

漬け時間〜消費期限：半日〜2週間

ダイス型に切ったチーズ＋
オリーブオイル＋スパイス＋ハーブ

プロセスチーズの
ピクルス

お酢の酸味がチーズにからむ。

漬け時間〜消費期限：半日〜4日

ダイス型に切ったプロセスチーズ＋
ピクルス液

モッツァレッラの
キムチ漬け

ピリ辛チーズがクセになるおいしさ。

漬け時間〜消費期限：1日〜5日

モッツァレッラ＋
キムチの素・大さじ2＋水・大さじ1

プロセスチーズの
塩麹漬け

やわらか食感で食べやすい。

漬け時間〜消費期限：2日〜1週間

プロセスチーズ＋塩麹

クリームチーズの
酒粕漬け

ねっとり濃厚な口どけの絶品おつまみ。

漬け時間〜消費期限：2日〜1週間

ガーゼで包んだクリームチーズ＋
酒粕＋みりん

カマンベールの
味噌漬け

味噌の香りがほのかに香る。

漬け時間〜消費期限：3日〜1週間

カマンベール（ロングライフ）＋
味噌・大さじ3＋みりん・大さじ2
＋酒・大さじ1

チェリーモッツァレッラの
ぬか漬け

ぬかのほどよい風味が絶妙！

漬け時間〜消費期限：1日〜1週間

チェリーモッツァレッラ＋ぬか床

イタリアンチーズのオードブルでおもてなし

チーズ発祥の地イタリアは、現在でも世界有数の生産国です。
イタリアンチーズを使って、おしゃれなオードブルを作ってみませんか。

カポナータ＆
モッツァレッラ

空豆＆ペコリーノ

ゴルゴンゾーラと
レバーペーストの
クロスティーニ

ほうれん草と
リコッタのキッシュ

生ハム＆ルッコラ＆
パルミジャーノ・レッジャーノ

カポナータ＆モッツァレッラ

野菜にチーズを合わせて、栄養効果アップ。

材料・2人分

チェリーモッツァレッラチーズ…40g
にんにく…1/2 片
たまねぎ…1/2 個
ズッキーニ…1/4 本
なす…1 本
赤、黄パプリカ…各 1/4 個
トマト缶…1/4 缶
チャービル…少々

A

ローレル…1 枚
ハーブミックス…小さじ 1/2
塩、こしょう…適量
オリーブオイル…大さじ 2

作り方

1 にんにくは粗みじん切り、その他の野菜は一口大の大きさに切りそろえる。

2 鍋にオリーブオイルを熱し、たまねぎを炒める。透明になったらにんにくを入れ、香りが出たら、ズッキーニ、なす、パプリカの順に入れて軽く炒める。

3 手でつぶしたトマト缶のトマト、Aの調味料を入れ、20 〜 30 分煮る。温かいうちに半分に切ったチェリーモッツァレッラを入れる。器に盛ってチャービルを飾る。

ゴルゴンゾーラと
レバーペーストの
クロスティーニ

バケットにのせるだけでシンプル美味。

バゲット（一切れ）にゴルゴンゾーラ・ピカンテをのせて焼き、ハチミツをかける。砕いたクルミをトッピングする。レバーペースト（適量）は、バゲット（一切れ）を焼いてからのせる。ピンクペッパーとローズマリーをのせる。

生ハム＆ルッコラ＆
パルミジャーノ・
レッジャーノ

イタリアチーズの王様は絶品前菜。

ちぎったルッコラ（1/4 袋）の上に食べやすく切った生ハム（2 枚）を置き、砕いたパルミジャーノ（適量）をのせる。上からバルサミコ酢を適量、お好みでオリーブオイルをかける。

*

空豆＆ペコリーノ

イタリアの春に定番の組み合わせ

茹でた空豆(1/2 袋)にペコリーノ・ロマーノのスライス（適量）をのせ、お好みでオリーブオイルをかける。

ほうれん草とリコッタのキッシュ

リコッタチーズでふわふわキッシュが出来上がる。

材料・16cm型1個分

冷凍パイシート…2枚（180g）
強力粉（打粉）…適量
たまねぎ…1/4個
ほうれん草…1/2杷

A 卵液
卵…2個
生クリーム…70㎖
牛乳…70㎖
パルミジャーノ・レッジャーノチーズ
…大さじ2
塩、こしょう…適量

リコッタチーズ…大さじ3

作り方

1 冷凍パイシートを自然解凍する。2枚重ねにして打粉をしながら綿棒でタルト型よりひとまわり大きくパイシート生地を伸ばす。タルト型に生地をのせ、密着させながら型に張りつける。生地にフォークの先で空気穴をあけ、冷蔵庫で冷やしておく。

2 たまねぎは薄くスライスし、オリーブオイル（分量外）で炒める。ほうれん草は塩茹でし、2〜3cm長さに切って水気をとる。Aの材料と塩（小さじ1/4）、こしょう（少々）で、卵液を作っておく。

3 1の生地の上にオーブンペーパーをのせ、その上に重石を置く。200℃に予熱したオーブンで15分、さらに重石を外して5分焼く。

4 3の生地の中に2のたまねぎとほうれん草、リコッタチーズを散りばめて、卵液を静かに流す。180℃のオーブンで25〜30分焼く。冷めたら型から外し、切って器に盛る。

あれば便利なチーズのための道具

　チーズは、その種類によって最適なナイフがあります。すべてそろえる必要はありませんが、持っていると使い勝手のいい道具をご紹介します。

1. ワイヤーカッター
生地が崩れやすい青カビタイプなどに使います。ピンと張ったワイヤーによって断面がきれいにカットできます。

2. チーズスライサー
ハードタイプのチーズをカットするためのもの。薄くスライスすると口どけがなめらかになります。

3. パルミジャーノナイフ
アーモンドナイフとも呼ばれ、パルミジャーノ・レッジャーノのようなハードタイプのチーズを砕くために使われます。

4.5. チーズナイフ
刃に穴があいているのは、やわらかいチーズを切ったときにくっつきにくくするためのもの。応用範囲が広い万能タイプ。

6. グレーター
ハードタイプのチーズをすりおろすときに使用。このおろし器はチーズだけではなく、にんにく、しょうが、レモンの皮をおろすときにも使える便利な品。

7. カッティング・ボード
チーズを切ったり、そのまま盛りつけて食卓に出したりできるので便利。取っ手がついていると持ちやすくて重宝しています。

チーズをおいしく食べるために

　チーズは種類によってその形が異なっているので、カットしたピースそれぞれが同じ味を楽しめるように切り分けましょう。白カビタイプ（写真右）やウォッシュタイプなど外側から内側に向かって熟成するタイプは、熟成度の違う部分が1ピースの中に入るように放射状にカットします。食べる分だけカットしてください。

　また、ハードタイプのチーズはカットの仕方によって、食感や風味が違ってきます。用途に合わせて、さまざまな食べ方をお楽しみください。

パルミジャーノ・レッジャーノの
食感を楽しむ

1. 砕く
アミノ酸の結晶の少しざらつく食感が楽しめます。深いコクと旨味が味わえます。

2. スライスする
薄くスライスすることで、舌の上でとろけて、ほろほろした食感が味わえます。

3. すりおろす
香りを最大限にいかすため、食べる直前にすりおろしましょう。パスタやサラダ、スープなど、調味料や出汁の代わりとして塩分やコク、旨味が加わります。

チーズの保存法の注意点

☆ 必ず10℃以下で保存。冷蔵室よりも少し温度が高い野菜室での保存がおすすめ。

☆ 乾燥させないように切り口にラップをピッタリと密着させる。

☆ ラップに包んだチーズは蓋付きの密閉容器に入れて、冷蔵庫で保存する。

☆ ブルーチーズは光を嫌うので、アルミホイルで包む。

☆ チーズは他の食べ物の匂いを吸収しやすいので、匂いの強いものと一緒に保存しない。

小野孝予 *Ono Takayo*

東京都出身。横浜市青葉区の自宅にて「料理教室クオリア」主宰。航空会社在職中に滞在先で本場の味に出会い、食べ物と料理に興味を持つようになる。田崎真也氏に師事しソムリエ、きき酒師の資格を取得。退社後は日本テーブルコーディネート協会認定準講師の資格を取得、チーズプロフェッショナル、フードコーディネーターとしても活動。料理教室へは30代～60代の主婦層を中心に、延べ4,000人以上の生徒が訪れる。NHKテレビ「ひるまえほっと」、ラジオ文化放送「ピピッとサンデー」などに出演ほか、書籍や雑誌などにレシピを提供。料理講座、ワインセミナー、チーズセミナーの講師を務めているほか、WEBマガジン「クロワッサン倶楽部」メンバー、「ELLE gourmet」フードクリエーターとしても活躍中。

「料理教室クオリア」のホームページ　https://www.qualia-cooking.com/

★スタッフ
ブックデザイン／静野あゆみ（ハロリンデザイン）
写真撮影／中川真理子
料理アシスタント／野村麻紀子・岩本治美・薮田桂・佐久間恭子・寺澤貴美子
協力／チーズプロフェッショナル協会・タカナシ乳業・株式会社アルマテラ

チーズ☆マジック
おいしい、みんな大好き！ごちそう家ごはん

2017年12月24日　初版第1刷発行

著　　者　　小野孝予
　　　　　　ⓒ Takayo Ono 2017, Printed in Japan
発　行　者　　藤木健太郎
発　行　所　　清流出版株式会社
　　　　　　〒101-0051
　　　　　　東京都千代田区神田神保町3-7-1
　　　　　　電話　03-3288-5405
　　　　　　編集担当　松原淑子
　　　　　　http://www.seiryupub.co.jp/
印刷・製本　　大日本印刷株式会社

乱丁・落丁本はお取替えします。
ISBN 978-4-86029-470-0

本書のコピー、スキャン、デジタル化などの無断複製は著作権法上での例外を除き禁じられています。
本書を代行業者などの第三者に依頼してスキャンやデジタル化をすることは、
個人や家庭内の利用であっても認められていません。